Lefebvre (G)

Manuel
et formulaire
du testament

F

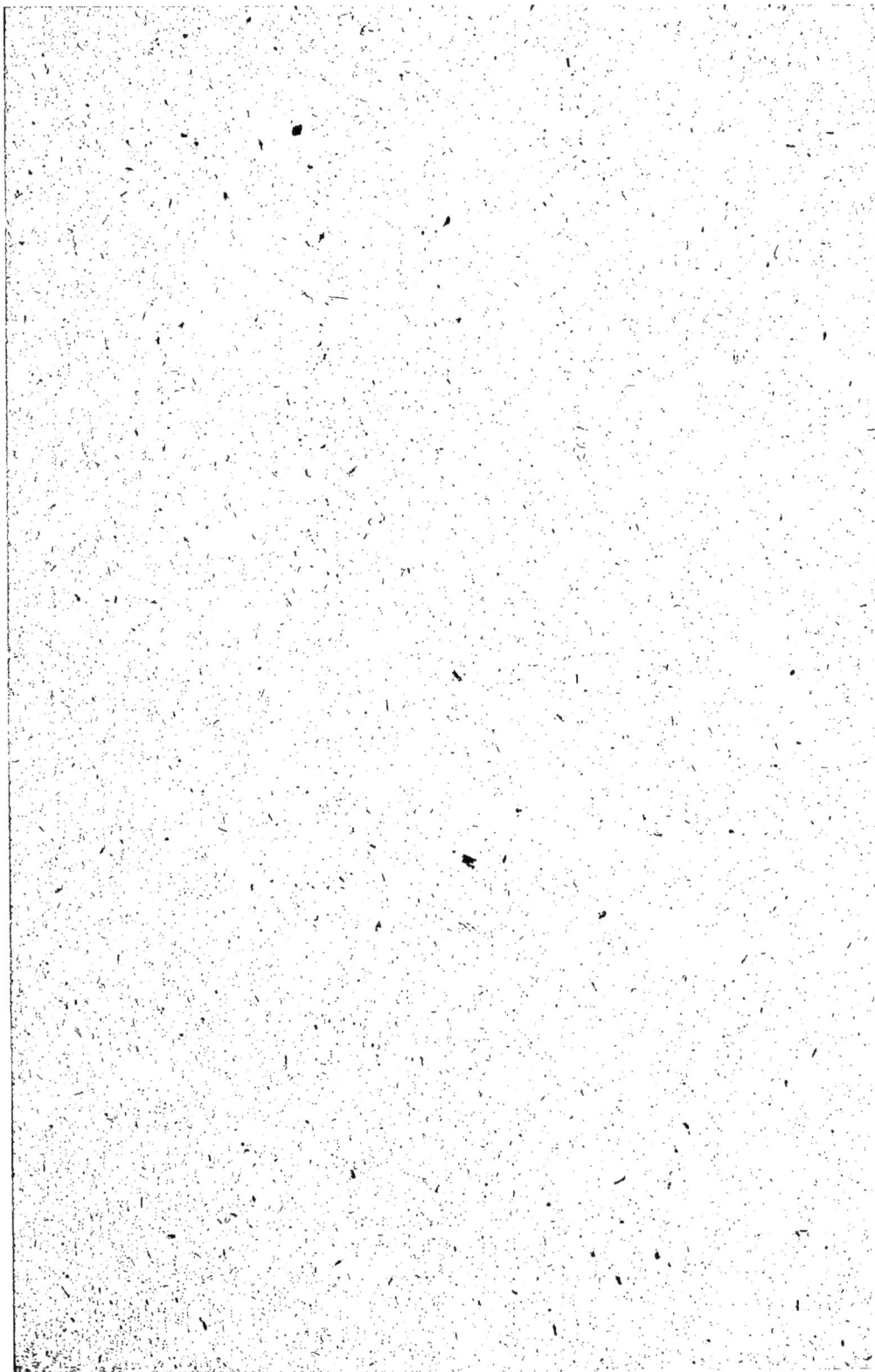

MANUEL

ET FORMULAIRE

DU TESTAMENT

Paris. — Imprimerie de E. Donnaud, rue Cassette, 9.

MANUEL

ET FORMULAIRE

DU TESTAMENT

PAR

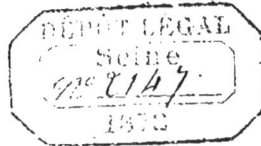

M. G. LEFEBVRE

NOTAIRE HONORAIRE

Auteur du *Manuel-Formulaire de l'Inventaire*

PARIS

ADMINISTRATION DU JOURNAL DES NOTAIRES ET DES AVOCATS

52, RUE DES SAINTS-PÈRES, 52

1872

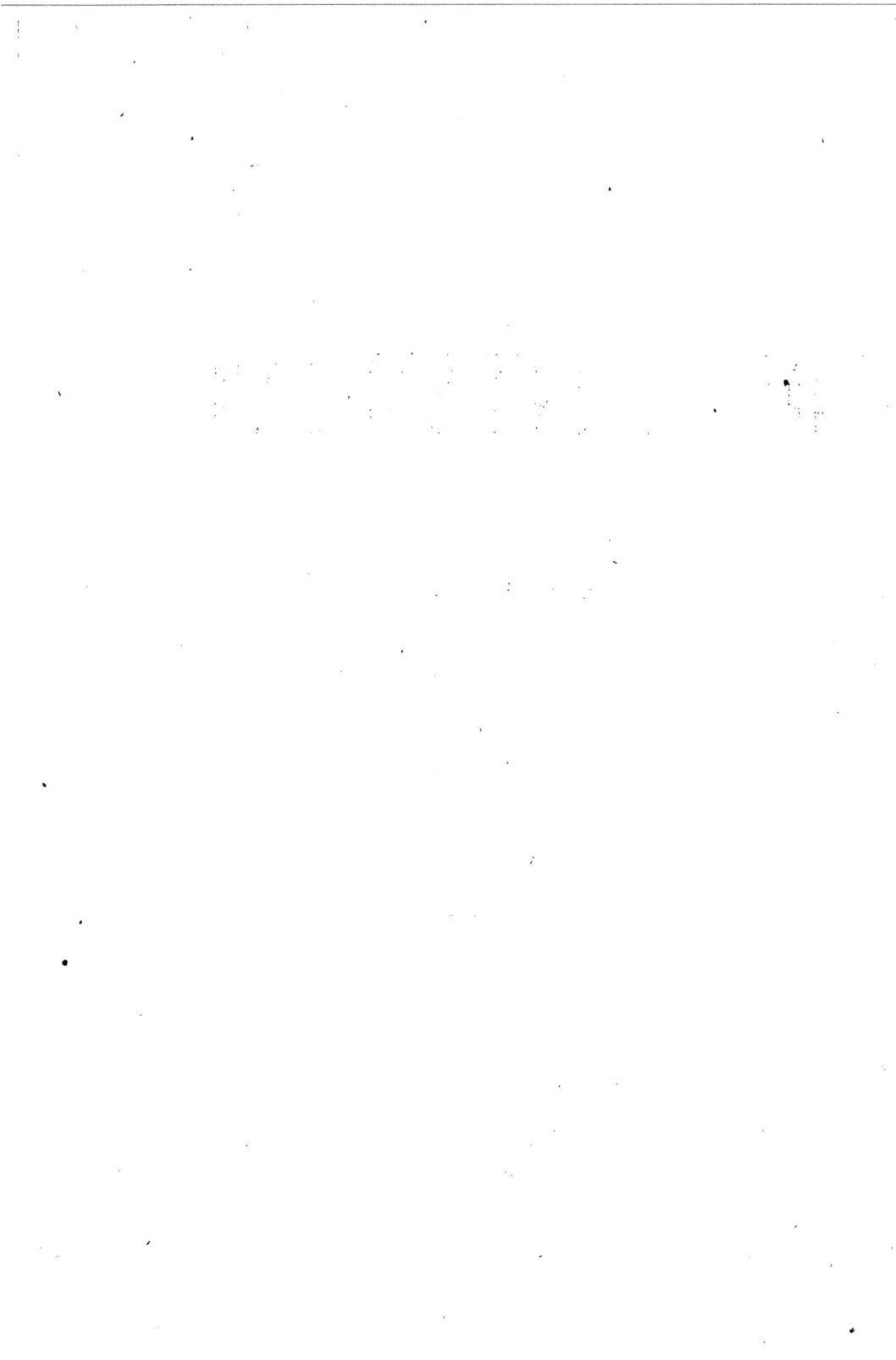

MANUEL ET FORMULAIRE

DU

TESTAMENT [1]

DES TESTAMENTS

SOMMAIRE.

TITRE II. — DES TESTAMENTS.

CHAPITRE PREMIER.

DISPOSITIONS GÉNÉRALES.

2555. *D.* Qu'est-ce qu'un testament?

R. C'est l'acte par lequel une personne dispose, pour le temps où elle n'existera plus, de tout ou partie de ses biens, et qu'elle peut révoquer (C. c., art. 895).

---

[1] Ce manuel est extrait d'un ouvrage du même auteur intitulé : *Manuel et formulaire du notaire, de l'aspirant au notariat et des chambres de discipline.*

2556. *D.* Qu'est-ce qu'une substitution ?

R. C'est une disposition par laquelle, en gratifiant quelqu'un, on le charge de rendre la chose à lui donnée, après qu'elle aura reposé sur sa tête, à un tiers que l'on gratifie en second ordre.

2557. *D.* Les substitutions sont-elles prohibées ?

R. Toute disposition par laquelle l'héritier institué est chargé de conserver et de rendre à un tiers est nulle, même à l'égard de l'héritier institué, ou du légataire.

2558. *D.* N'existe-t-il pas d'exception ?

R. Les substitutions sont permises aux pères et mères et aux frères et sœurs dans les limites posées aux art. 1048 et suivants du Code civil (C. c., art. 897).

2559. *D.* N'est-il pas permis de stipuler dans un testament qu'un tiers sera appelé à recueillir le bénéfice du legs si le légataire ne le recueillait pas ?

R. Cette disposition serait valable et ne serait pas regardée comme une substitution (C. c., art. 898).

Il en est de même de la disposition testamentaire par laquelle l'usufruit est donné à l'un et la nue propriété à l'autre (C. c., art. 899).

2560. *D.* Si le testament contenait des conditions impossibles ou contraires aux lois et aux mœurs ?

R. Elles seraient considérées comme non écrites (C. c., art. 900).

CHAPITRE II.

DE LA CAPACITÉ DE DISPOSER OU DE RECEVOIR PAR TESTAMENT.

2561. *D.* De quelles capacités faut-il jouir pour faire un testament ?

R. Il faut être sain d'esprit et ne pas se trouver dans les conditions d'incapacité déterminées par la loi (C. c., art. 901 et 902).

2562. *D.* Qu'entend-on par être sain d'esprit ?

R. C'est une expression étendue et générale qui exclut non-seulement l'état habituel d'imbécillité, de démence ou de fureur susceptible de faire prononcer l'interdiction, mais encore l'état accidentel qui trouble passagèrement la raison. Ainsi le délire que cause une maladie, une ivresse qui irait jusqu'à la privation momentanée de la raison.

2563. *D.* La minorité est-elle un obstacle à une disposition testamentaire ?

R. Le mineur âgé de seize ans peut disposer par testament, mais seulement jusqu'à concurrence de la moitié des biens dont la loi lui permet de disposer (C. c., art. 904).

2564. *D.* Une femme mariée peut-elle tester sans l'autorisation de son mari ?

R. Elle n'a besoin ni du consentement du mari, ni d'autorisation de justice pour disposer par testament (C. c., art. 905).

2565. *D.* De quelle capacité faut-il jouir pour être apte à recevoir par testament ?

R. Il suffit d'être conçu à l'époque du décès du testateur. Néanmoins le testament n'a d'effet qu'autant que l'enfant est né viable. (C. c., art. 906).

2566. *D.* Le mineur parvenu à l'âge de seize ans peut-il disposer en faveur de toute personne ?

R. Il ne peut, même par testament, disposer au profit de son tuteur.

Quand il est devenu majeur, il ne peut disposer au profit de celui qui a été son tuteur, si le compte définitif de la tutelle n'a été préalablement rendu et apuré.

2567. *D.* Est-ce qu'il n'y a pas d'exception à cette interdiction ?

R. Oui, en faveur des ascendants des mineurs qui ont été leurs tuteurs.

2568. *D.* Les père ou mère d'un enfant naturel peuvent-ils disposer au profit de cet enfant ?

R. Ils ne peuvent lui léguer rien au delà de ce que la loi leur accorde au titre des successions (C. c., art. 908), c'est-à-dire :

Si le père ou la mère a laissé des descendants légitimes, ce droit est d'un tiers de la portion héréditaire que l'enfant naturel aurait eue s'il eût été légitime ;

Il est de la moitié lorsque le père ou la mère ne laissent pas de descendants, mais bien des ascendants ou des frères ou sœurs ;

Il est des trois quarts lorsque les père ou mère ne laissent ni descendants ni ascendants, ni frères ni sœurs (C. c., art. 757).

2569. *D.* Quelles sont encore les personnes qui sont, pour recevoir par testament, frappées d'une incapacité relative ?

R. Les docteurs en médecine ou en chirurgie, les officiers de santé et les pharmaciens qui ont traité une personne pendant la maladie dont elle meurt ; ils ne peuvent profiter des dispositions testamentaires qu'elle a faites en leur faveur pendant le cours de cette maladie.

2570. *D.* Est-ce qu'il n'y a pas d'exception ?

R. Sont exceptées :

1° Les dispositions rémunératoires faites à titre particulier, eu égard aux facultés du disposant et aux services rendus ;

2° Les dispositions universelles, dans le cas de parenté jusqu'au quatrième degré inclusivement, pourvu toutefois que le décédé n'ait pas d'héritiers en ligne directe, à moins que celui au profit de qui la disposition a été faite ne soit lui-même au nombre de ces héritiers.

Les ministres du culte sont rangés dans la même catégorie d'exclusions (C. c., art. 909).

2571. *D.* Quelles sont les formalités exigées pour les dispositions testamentaires faites au profit des hospices, des pauvres, d'une commune ou d'établissements publics?

R. Elles n'ont d'effet qu'autant qu'elles sont autorisées par un décret du gouvernement (C. c., art. 910).

2572. *D.* Quelle est la valeur des dispositions faites au profit d'un incapable ?

R. Elles sont nulles soit qu'on les déguise sous la forme d'un contrat onéreux, soit qu'on les fasse sous le nom de personnes interposées.

2573. *D.* Qu'entend-on par personnes interposées?

R. Sont réputées personnes interposées les père et mère, les enfants et descendants et l'époux de la personne incapable (C. c., art. 911).

CHAPITRE III.

DE LA PORTION DE BIENS DISPONIBLE ET DE LA RÉDUCTION.

SECTION PREMIÈRE.

De la portion de biens disponible.

2574. *D.* De quelle quotité de ses biens peut-on disposer par testament

R. Les libéralités ne peuvent excéder la *moitié* des biens du disposant, s'il ne laisse à son décès qu'un enfant légitime ;

Le *tiers*, s'il laisse deux enfants ;

Le *quart*, s'il en laisse trois ou un plus grand nombre (C. c., art. 913).

Sont comptés sous le nom d'*enfants*, les descendants, en quelque degré que ce soit; néanmoins ils ne sont comptés que pour l'enfant qu'ils représentent dans la succession du disposant (C. c., art. 914).

2575. *D.* Si, a défaut d'enfant, le défunt laisse un ou plusieurs ascendants ?

R. Les libéralités testamentaires ne peuvent excéder la *moitié* des biens si le défunt laisse un ou plusieurs ascendants dans chacune des lignes paternelles et maternelles;

Et les *trois quarts* s'il ne laisse d'ascendants que dans une ligne.

2576. *D.* Dans quel ordre les biens réservés au profit des ascendants sont-ils recueillis par eux ?

R. Dans l'ordre où la loi les appelle à succéder (C. c., art. 915).

C'est-à-dire que la succession se divise par *moitié* entre les ascendants de la ligne paternelle et les ascendants de la ligne maternelle ;

L'ascendant qui se trouve au degré le plus proche recueille la *moitié* affectée à sa ligne, à l'exclusion de tous autres ;

Les ascendants au même degré succèdent par tête (C. c., art. 746).

Ils ont seuls droit à cette réserve, dans tous les cas où un partage en concurrence avec des collatéraux ne leur donnerait pas la quotité de biens à laquelle elle est fixée (C. c., art. 915).

2577. *D.* Quand il n'existe ni ascendants ni descendants, quelle est la limite des libéralités ?

R. Les libéralités peuvent épuiser la totalité des biens (C. c., art. 916).

2578. *D.* Si la disposition testamentaire est d'un usufruit ou d'une rente viagère, peut-on la faire réduire si la valeur excède la quotité disponible ?

R. Les héritiers au profit desquels la loi fait une réserve, ont l'option ou d'exécuter cette disposition, ou de faire l'abandon de la quotité disponible (C. c., art. 917).

2579. *D.* Que faut-il décider par rapport à la pleine propriété des biens aliénés, soit à charge de rente viagère, soit à fonds perdu ou avec réserve d'usufruit à l'un des successibles en ligne directe ?

R. La valeur en est imputée sur la portion disponible, et l'excédant, s'il y en a, est rapporté à la masse.

2580. *D.* Par qui cette imputation et ce rapport peuvent-ils être demandés ?

R. Seulement par ceux des successibles en ligne directe qui n'auraient pas consenti à ces aliénations.

Dans aucun cas les successibles en ligne collatérale n'ont droit à demander le rapport (C. c., art. 918).

2581. *D.* Dans quel cas la quotité disponible, donnée en tout ou en partie aux enfants et autres successibles du testateur, n'est-elle pas sujette à rapport par le légataire venant à la succession ?

R. Lorsque la disposition a été faite expressément à titre de préciput ou hors part soit dans le testament, soit postérieurement dans la forme des dispositions testamentaires (C. c., art. 919).

SECTION II.

De la réduction des legs.

2582. *D.* A quel moment sont réductibles les dispositions qui excèdent la quotité disponible?

R. Lors de l'ouverture de la succession.

2583. *D.* Par qui cette réduction peut-elle être demandée?

R. Par ceux au profit desquels la loi fait la réserve, par leurs héritiers ou ayants cause.

Les donataires, les légataires ni les créanciers du défunt ne peuvent demander cette réduction ou en profiter (C. c., art. 921).

2584. *D.* Comment se détermine la réduction?

R. En formant une masse de tous les biens existant au décès du testateur. On y réunit fictivement ceux dont il a été disposé par donations entre-vifs, d'après leur état à l'époque des donations et leur valeur au temps du décès du donateur. On calcule sur tous ces biens, après en avoir déduit les dettes, quelle est, eu égard à la qualité des héritiers qu'il laisse, la quotité dont il a pu disposer (C. c., art. 922).

2585. *D.* Dans quel ordre doit-on procéder à la réduction des dispositions du défunt?

R. En commençant par les dispositions testamentaires, puis la dernière des donations, et ainsi de suite en remontant des dernières aux plus anciennes (C. c., art. 923).

2586. *D.* Comment s'opère la réduction des legs lorsque les dispositions testamentaires excèdent, soit la quotité disponible, soit la portion de cette quotité qui reste après avoir déduit la valeur des donations entre-vifs?

R. La réduction est faite au marc le franc, sans aucune distinction entre les legs universels et les legs particuliers (C. c., art. 926).

2587. *D.* Si le testateur a expressément déclaré qu'il entend que tel legs soit acquitté de préférence aux autres?

R. Cette préférence doit avoir lieu, et le legs qui en est l'objet ne doit être réduit qu'autant que la valeur des autres ne remplirait pas la réserve légale (C. c., art. 927).

CHAPITRE V.

DES DISPOSITIONS TESTAMENTAIRES.

SECTION PREMIÈRE.

Des règles générales sur la forme des testaments.

2588. *D.* Comment peut-on disposer par testament?

R. On peut disposer soit sous le titre d'institution d'héritier, soit sous le titre de legs, soit sous toute autre dénomination propre à manifester sa volonté (C. c., art. 967).

2589. *D.* Deux personnes peuvent-elles faire un testament par le même acte ?

R. Non, deux ou plusieurs personnes ne peuvent faire un testament par le même acte, soit au profit d'un tiers, soit à titre de disposition réciproque et mutuelle (C. c., art. 968).

2590. *D.* Dans quelle forme peut être fait le testament ?

R. Il peut être olographe, ou fait par acte public, ou dans la forme mystique (C. c., art. 969).

2591. *D.* Quelles sont les conditions nécessaires à la validité d'un testament olographe ?

R. Il doit être écrit en entier, daté et signé de la main du testateur ; il n'est assujetti à aucune autre forme (C. c., art. 970).

2592. *D.* Comment est reçu le testament par acte public ?

R. Il est reçu par deux notaires en présence de deux témoins, ou par un notaire en présence de quatre témoins (C. c., art. 971).

2593. *D.* Quelles formalités *rigoureuses* sont exigées par la validité du testament reçu par acte public ?

R. S'il est reçu par deux notaires, il leur est *dicté* par le testateur, et il doit être *écrit* par l'un des notaires, *tel qu'il a été dicté.*

S'il n'y a qu'un notaire, il doit également être dicté par le testateur, et écrit par ce notaire.

Dans l'un et l'autre cas, il doit en être donné *lecture* au testateur, en *présence des témoins.*

Il est fait du tout mention expresse (C. c., art. 972).

2594. *D.* Comment le testament doit-il être signé ?

R. Par le testateur ; s'il déclare qu'il ne sait ou ne peut signer, il est fait dans l'acte mention expresse de sa déclaration, ainsi que de la cause qui l'empêche de signer (C. c., art. 973).

2595. *D.* Par qui le testament doit-il encore être signé ?

R. Par les témoins ; mais néanmoins, dans les campagnes, il suffit qu'un des deux témoins signe, si le testament est reçu par deux notaires, et que deux des quatre témoins signent, s'il est reçu par un notaire (C. c., art. 974).

2596. *D.* Quelles sont les clauses d'exclusion de certains témoins ?

R. Ne peuvent être pris pour témoins du testament par acte public, ni les légataires, à quelque titre qu'ils soient, ni leurs parents ou alliés jusqu'au quatrième degré inclusivement, ni les clercs des notaires par lesquels les actes sont reçus (C. c., art. 975).

2597. *D.* Qu'est-ce qu'un testament mystique ?

R. Le testament mystique ou secret est celui que le testateur écrit ou fait écrire par un autre, et qu'il présente clos et cacheté à un notaire afin qu'il le conserve en dépôt.

2598 *D.* Quelle formalité doit remplir le testateur qui veut faire un testament mystique ?

R. Il est tenu de *signer* ses dispositions, soit qu'il les ait écrites lui-même, ou qu'il les ait fait écrire par un autre. Le papier qui contient ses dispositions ou celui qui lui sert d'enveloppe doit être clos et scellé.

2599. *D.* Que fait alors le testateur?

R. Il présente ce testament ainsi clos et scellé au notaire, et à *six* témoins au moins ; et s'il n'était clos et scellé d'avance, il le fait clore et sceller en leur présence.

2600. *D.* Que doit-il leur déclarer?

R. Que le contenu en ce papier *écrit et signé* de lui, ou *écrit par un autre* et signé de lui, est son testament.

2601. *D.* Que fait le notaire après avoir reçu ce papier et la déclaration du testateur?

R. Il dresse l'acte de suscription qui doit être écrit sur ce papier ou sur la feuille qui sert d'enveloppe. Cet acte est signé tant par le testateur que par le notaire, ensemble par les témoins.

2602. *D.* Quelles formalités doivent être suivies pour la régularité du dépôt fait au notaire ?

R. Tout doit être fait de suite *sans divertir à autres actes.*

2603. *D.* Si le testateur, par un empêchement survenu depuis la signature du testament, ne peut signer l'acte de suscription, que doit faire le notaire ?

R. Il fait mention de la déclaration qu'en fait le testateur, et il n'est pas besoin, en ce cas, d'augmenter le nombre des témoins (C. c., art. 976).

2604. *D.* Mais si le testateur ne sait signer, ou s'il n'a pu le faire lorsqu'il a fait écrire ses dispositions, ne faut-il pas remplir une formalité supplémentaire?

R. Oui, il doit être appelé à l'acte de suscription un témoin, outre le nombre de six, lequel signe l'acte avec les autres témoins, et il est fait mention de la cause pour laquelle ce témoin a été appelé (C. c., art. 977).

2605. *D.* Quelles sont les personnes inhabiles à faire un testament mystique?

R. Celles qui ne savent ou ne peuvent lire (C. c., art. 978).

2606. *D.* Mais si le testateur ne peut parler, et qu'il puisse lire, peut-il faire un testament mystique ?

R. Il peut faire un testament mystique, à la charge que le testament aura été entièrement écrit, daté et signé de sa main, qu'il le présente au notaire et aux témoins, et qu'au haut de l'acte de suscription il écrive en leur présence que le papier qu'il présente est son testament.

2607. *D*. Que fait alors le notaire?

R. Il écrit l'acte de suscription, dans lequel il fait mention que le testateur a écrit ces mots en sa présence et en celle des témoins, et il observe les formalités exigées pour la réception du testament mystique (C. c., art. 979).

2608. *D*. Quelles conditions d'aptitude doivent avoir les témoins appelés pour être présents à un testament?

R. Ils doivent être mâles, majeurs, *citoyens français*, et jouir de leurs droits civils (C. c., art. 980).

SECTION III.

Des institutions d'héritier et des legs en général.

2609. *D*. De quelle nature peuvent être les dispositions testamentaires?

R. Elles sont universelles, ou à titre universel, ou à titre particulier.

SECTION IV.

Du legs universel.

2610. *D*. Qu'est-ce qu'un legs universel?

R. C'est la disposition testamentaire par laquelle le testateur donne à une ou plusieurs personnes l'universalité des biens qu'il laissera à son décès (C. c., art. 1003).

2611. *D*. Le légataire universel est-il tenu de demander la délivrance des biens compris dans le testament?

R. Il est tenu à cette formalité lorsqu'au décès du testateur il y a des héritiers auxquels une quotité des biens de ce dernier est réservée par la loi, par la raison que ces héritiers sont saisis, de plein droit, par sa mort, de tous les biens de la succession (C. c., art. 1004).

2612. D. Qu'entend-on par délivrance de legs.

R. La remise de l'objet compris dans un legs, laquelle le légataire est obligé de demander à l'héritier du testateur.

2613. *D*. A partir de quelle époque le légataire universel a-t-il la jouissance des biens compris dans le testament?

R. A compter du jour du décès, si la demande en délivrance a été faite dans l'année, depuis cette époque; sinon cette jouissance ne commence que du jour de la demande formée en justice, ou du jour que la délivrance a été volontairement consentie (C. c., art. 1005).

2614. *D.* Mais si, au décès du testateur, il n'y a pas d'héritiers auxquels une quotité de ses biens soit réservée par la loi?

R. Le légataire universel est saisi de plein droit par la mort du testateur, sans être tenu de demander la délivrance. (C. c., art. 1006).

2615. *D.* Le testament olographe peut-il être mis à exécution de plein droit?

R. Avant d'être mis à exécution, le testament olographe doit être présenté au président du tribunal de première instance de l'arrondissement dans lequel la succession est ouverte.

2616. *D.* Que doit faire le président auquel le testament est présenté?

R. Il l'ouvre s'il est cacheté et il dresse procès-verbal de la présentation, de l'ouverture et de l'état du testament, dont il ordonne le dépôt entre les mains du notaire par lui commis.

2617. *D.* *Quid* pour un testament fait dans la forme mystique?

R. Sa présentation, son ouverture, sa description et son dépôt sont faits de la même manière que pour le testament olographe, mais l'ouverture ne peut se faire qu'en présence de ceux des notaires et des témoins signataires de l'acte de suscription qui se trouvent sur les lieux, ou eux appelés (C. c., art. 1007).

2618. *D.* A quoi est tenu le légataire universel en vertu d'un testament olographe ou mystique quand il n'y a pas d'héritiers à réserve?

R. Il est tenu de se faire envoyer en possession par une ordonnance du président mise au bas d'une requête à laquelle doit être joint l'acte du dépôt (C. c., art. 1008).

2619. *D.* Quelles sont les charges qui incombent au légataire universel venant en concours avec un héritier auquel la loi réserve une quotité des biens?

R. Il est tenu des dettes et charges de la succession du testateur, proportionnellement pour sa part et portion, et hypothécairement pour le tout; et il est tenu d'acquitter tous les legs, sauf les cas de réduction si les dispositions testamentaires excèdent la quotité disponible, et le cas où le testateur aurait déclaré que tel legs fût acquitté de préférence aux autres (C. c., art. 926, 927 et 1009).

SECTION V.

Du legs à titre universel.

2620. *D.* Qu'entend-on par legs à titre universel?

R. On entend celui par lequel le testateur lègue une quote-part des biens dont la loi lui permet de disposer, telle que une moitié, un tiers, ou tous ses immeubles, ou tout son mobilier, une quotité fixe de tous ses immeubles ou de tout son mobilier.

Tout autre legs ne forme qu'une disposition à titre particulier (C. c., art. 1010).

2621. *D.* Le légataire à titre universel est-il tenu de demander la délivrance ?

R. Il est tenu de demander la délivrance aux héritiers auxquels une quotité des biens est réservée par la loi ; à leur défaut, aux légataires universels ; et à défaut de ceux-ci, aux héritiers appelés dans l'ordre établi au titre *des Successions* (C. c., art. 1011).

2622. *D.* Quelles sont aussi les charges que doit supporter le légataire à titre universel ?

R. Il est tenu, comme le légataire universel, des dettes et charges de la succession du testateur, personnellement pour sa part et portion, et hypothécairement pour le tout (C. c., art. 1012).

2623. *D.* Lorsque le testateur n'a disposé que d'une quotité de la portion disponible et qu'il l'a fait à titre universel à quoi est tenu ce légataire par rapport aux legs particuliers ?

R. Il est tenu de les acquitter par attribution avec les héritiers naturels (C. c., art. 1013).

SECTION VI.

Des legs particuliers.

2624. *D.* Qu'est-ce qu'un legs particulier ?

R. C'est celui par lequel un testateur lègue à une personne quelque chose de particulier, soit un corps certain, soit une maison, le mobilier garnissant un appartement, une rente viagère, une somme d'argent, etc.

2625. *D.* Quel droit confère au légataire tout legs pur et simple ?

R. Il lui donne, du jour du décès du testateur, un droit à la chose léguée, droit transmissible à ses héritiers ou ayants cause.

2626. *D.* Quelle formalité a-t-il à remplir pour se mettre en possession de la chose léguée?

R. Il ne peut s'en mettre en possession ni en prétendre les fruits ou intérêts qu'à compter du jour de sa demande en délivrance, ou du jour où cette délivrance lui a été volontairement consentie (C. c., art. 1014).

2627. *D.* A quelles conditions les intérêts ou fruits de la chose courent-ils, au profit du légataire, dès le jour du décès, et sans qu'il ait formé sa demande en justice ?

R. 1° Lorsque le testateur a expressément déclaré sa volonté à cet égard dans le testament;

2° Lorsqu'une rente viagère ou une pension a été léguée à titre d'aliments (C. c., art. 1015).

2628. *D.* A la charge de qui sont les frais de la demande en délivrance ?

R. A la charge de la succession, sans néanmoins qu'il puisse en résulter de réduction de la réserve légale.

2629. *D.* Et les droits d'enregistrement ?

R. Ils sont dus par les légataires, s'il n'en a été autrement ordonné par le testament.

2630. *D.* Qui doit payer les honoraires du testament ?

R. Ce sont les légataires qui doivent l'honoraire proportionnel, et non le testateur ou la succession , c'est par ceux auxquels profitent les actes que le coût en doit être supporté.

2631. *D.* Est-il nécessaire que tous les legs soient enregistrés simultanément ?

R. Chaque legs peut être enregistré séparément, sans que cet enregistrement puisse profiter à aucun autre qu'au légataire ou à ses ayants cause (C. c., art. 1016).

2632. *D.* Dans quelles proportions les héritiers du testateur ou autres débiteurs d'un legs sont-ils tenus de l'acquitter ?

R. Ils y sont tenus personnellement, chacun au prorata de la part ou portion dont il profite dans la succession.

Ils en sont tenus hypothécairement pour le tout, jusqu'à concurrence de la valeur des immeubles de la succession dont ils sont détenteurs (C. c., art. 1017).

2633. *D.* Comment la chose léguée doit-elle être délivrée ?

R. Elle doit l'être avec les accessoires nécessaires, et dans l'état où elle se trouve au jour du décès du testateur (C. c., art. 1018).

2634. *D.* Lorsque celui qui a légué la propriété d'un immeuble l'a ensuite augmenté par des acquisitions, ces acquisitions doivent-elles faire partie du legs ?

R. Ces acquisitions, fussent-elles contiguës, ne sont pas censées, sans une nouvelle disposition, faire partie du legs.

2635. *D.* Mais s'il s'agit seulement d'embellissements ?

R. Il en est tout autrement, et même des constructions nouvelles faites sur le fonds légué, ou d'un enclos dont le testateur aurait augmenté l'enceinte (C. c., art. 1019).

2636. *D.* Si, avant le testament ou depuis, la chose léguée a été hypothéquée ou engagée d'une manière quelconque, celui qui doit acquitter le legs est-il tenu de la dégager ?

R. Soit que la chose léguée ait été hypothéquée pour une dette de la succession, ou même pour la dette d'un tiers, ou si elle est grevée d'un usufruit, celui qui est chargé d'acquitter le legs n'est point tenu de le dégager, à moins qu'il n'ait été chargé de le faire par une disposition expresse du testateur (C. c., art. 1020).

2637. *D.* Si le testateur avait légué la chose d'autrui ?

R. Le legs serait nul, soit que le testateur ait connu ou non qu'elle ne lui appartenait pas (C. c., art. 1021).

2638. *D.* Comment se règle le legs d'une chose indéterminée ?

R. L'héritier n'est pas obligé de la donner de la meilleure qualité, et il ne peut l'offrir de la plus mauvaise (C. c., art. 1022).

2639. *D.* Y a-t-il lieu à compensation entre le legs fait à un créancier et la somme qui lui est due ?

R. La compensation ne s'opère pas, de même que le legs fait à un domestique ne fait pas compensation avec les gages qui peuvent lui être dus (C. c., art. 1023).

2640. *D.* Le légataire particulier est-il tenu de contribuer à l'acquit des dettes de la succession ?

R. Il n'est pas tenu d'y contribuer, sauf la réduction de son legs si les dettes et charges étaient de nature à entamer la réserve et à absorber le montant de la succession, de même qu'il est tenu de souffrir l'action hypothécaire des créanciers (C. c., art. 1024).

SECTION VII.

Des exécuteurs testamentaires.

2641. *D.* Qu'est-ce qu'un exécuteur testamentaire ?

R. C'est la personne nommée par un testateur pour veiller à l'exécution de son testament ou l'effectuer.

2642. *D.* Un testateur a donc le droit dans son testament de nommer un exécuteur testamentaire ?

R. Il peut en nommer et même plusieurs.

2643. *D.* Quels pouvoirs peut-il leur conférer ?

R. Il peut leur donner la saisine du tout, ou seulement d'une partie de son mobilier ; mais cette saisine ne peut durer au delà de l'an et jour à compter de son décès.

S'il ne la leur a pas donnée, ils ne peuvent l'exiger (C. c., art. 1026).

2644. *D.* L'héritier peut-il faire cesser cette saisine ?

R. Il en a la faculté en offrant de remettre aux exécuteurs testamentaires somme suffisante pour le payement des legs mobiliers ou en justifiant de ce payement (C. c., art. 1027).

2645. *D.* Quelles conditions faut-il remplir pour être nommé exécuteur testamentaire ?

R. Il faut avoir le droit de s'obliger (C. c., art. 1028).

2646. *D.* Une femme mariée peut-elle accepter l'exécution testamentaire ?

R. Elle ne le peut qu'avec le consentement de son mari.

2647. *D.* Si elle est séparée de biens ?

R. Qu'elle le soit par contrat de mariage ou par jugement, elle ne le peut qu'avec le consentement de son mari, ou, à son refus, avec autorisation de la justice (C. c., art. 1029).

2648. *D.* Et le mineur ?

R. Il a besoin, pour être exécuteur testamentaire, de l'autorisation de son tuteur ou curateur (C. c., art. 1030).

2649. *D.* Quelles sont les obligations imposées à l'exécuteur testamentaire?

R. Il doit faire apposer les scellés, s'il y a des héritiers mineurs, interdits ou absents ;

Il fait faire, en présence de l'héritier présomptif, ou lui dûment appelé, l'inventaire des biens de la succession ;

Il provoque la vente du mobilier, à défaut de deniers suffisants pour acquitter les legs ;

Il veille à ce que le testament soit exécuté ; et il peut, en cas de contestation sur son exécution, intervenir pour en soutenir la validité.

Il doit, à l'expiration de l'année du décès du testateur, rendre compte de sa gestion (C. c., art. 1031).

2650. *D.* Les pouvoirs de l'exécuteur testamentaire lui sont-ils absolument personnels ?

R. Ils ne passent pas à ses héritiers.

2651. *D.* S'il y a plusieurs exécuteurs testamentaires, sont-ils tenus d'agir tous ?

R. Un seul peut agir au défaut des autres, mais ils sont solidairement responsables du compte du mobilier qui leur a été confié, à moins que le testateur n'ait divisé leurs fonctions, et que chacun se soit renfermé dans celle qui lui était attribuée (C. c., art. 1033).

2652. *D.* A la charge de qui sont les frais faits par l'exécuteur testamentaire à raison de la gestion ?

R. Les frais d'apposition des scellés, l'inventaire, le compte et les autres frais relatifs à ses fonctions, sont à la charge de la succession (C. c., art. 1034).

De la révocation des testaments et de leur exécution.

2653. *D.* Comment un testament peut-il être révoqué ?

R. Il ne peut être révoqué, en tout ou en partie, que par un testament postérieur, ou par acte devant notaires, portant déclaration du changement de volonté (C. c., art. 1035).

2654. *D.* Si un testament postérieur ne révoque pas d'une manière expresse les précédents, comment s'exécute-t-il ?

R. Il n'annule dans les précédents testaments que celles des dispositions y contenues qui se trouvent incompatibles avec les nouvelles ou qui sont contraires (C. c., art. 1036).

2655. *D.* Qu'arrive-t-il si le testament postérieur n'a pas son effet par l'incapacité de l'héritier institué ou du légataire, ou par leur refus de recueillir ?

R. La révocation par testament postérieur n'en a pas moins son effet (C. c., art. 1037).

2656. *D.* Si le testateur avait aliéné, même avec faculté de rachat ou par échange, l'immeuble par lui légué, la révocation aurait-elle lieu ?

R. Le legs serait révoqué pour tout ce qui aurait été aliéné, encore que l'aliénation postérieure fût nulle, et que l'objet fût rentré dans les mains du testateur (C. c., art. 1038).

2657. *D.* Que devient la disposition testamentaire faite en faveur d'une personne qui n'a pas survécu au testateur (C. c., art. 1039).

R. Elle devient caduque.

2658. *D.* Lorsqu'une disposition testamentaire est faite sous une condition dépendante d'un événement incertain ?

R. Si, dans l'intention du testateur, cette disposition ne devait être exécutée qu'autant que l'événement arriverait ou n'arriverait pas, elle devient caduque, si l'héritier institué ou le légataire décède avant l'accomplissement de la condition (C. c., art. 1040).

2659. *D.* Quand la condition, dans l'intention du testateur, ne fait que suspendre l'exécution de la condition, le legs devient-il caduc?

R. Cette disposition n'empêche pas l'héritier institué ou le légataire d'avoir un droit acquis et transmissible à ses héritiers (C. c., art. 1011).

2660. *D.* Quelle est la position du légataire lorsque la chose léguée a totalement péri ?

R. Le legs devient caduc si elle a totalement péri pendant la vie du testateur.

Il en est de même si elle a péri depuis sa mort, sans le fait et la faute de l'héritier, quoique celui-ci ait été mis en retard de la délivrer, mais seulement lorsqu'elle eût également dû périr entre les mains du légataire (C. c., art. 1042).

2661. *D.* N'y a-t-il pas d'autres cas dans lesquels un legs devient caduc ?

R. La disposition testamentaire est caduque lorsque l'héritier institué ou le légataire la répudie, ou se trouve incapable de la recueillir (C. c., art. 1043).

2662. *D.* Quand y a-t-il lieu à accroissement au profit des légataires ?

R. Lorsque le legs est fait à plusieurs conjointement, c'est-à-dire lorsqu'il l'est par une seule et même disposition et que le testateur n'a pas désigné la part de chacun des colégataires dans la chose léguée (C. c., art. 1044).

2663. *D.* Le legs peut-il être encore réputé fait conjointement ?

R. Oui, quand une chose qui n'est pas susceptible d'être divisée sans détérioration a été donnée par le même acte à plusieurs personnes, même séparément (C. c., art. 1045).

2664. *D.* Quelles sont les causes qui peuvent être de nature à faire révoquer un testament ?

R. Le cas où le légataire aurait attenté à la vie du testateur ; s'il s'était rendu coupable envers lui de sévices, délits ou injures graves (C. c., art. 955, 1016).

2665. *D.* Dans quel délai doit être formée la demande fondée sur une injure grave faite à la mémoire du testateur ?

R. Dans l'année à compter du jour du délit (C. c., art. 1047).

CHAP. VI.

DES DISPOSITIONS PERMISES EN FAVEUR DES PETITS-ENFANTS DU TESTA-TEUR, OU DES ENFANTS DE SES FRÈRES ET SŒURS.

2666. *D.* Quelles sont les substitutions permises?

R. Le Code civil, art. 896, prohibe les substitutions, mais les admet dans les circonstances suivantes ; ainsi les biens dont les pères et mères ont la faculté de disposer, peuvent être donnés par eux, en tout ou en partie, à un ou plusieurs de leurs enfants, par actes entre-vifs ou testamentaires, avec la charge de rendre ces biens aux enfants nés et à naître, au premier degré seulement, desdits légataires (C. c., art. 1048).

2667. *D.* Ne peut-on faire de semblables dispositions qu'au profit de ses petits-enfants?

R. Est valable, en cas de mort sans enfants, la disposition que le défunt a faite par testament, au profit d'un ou plusieurs de ses frères ou sœurs, de tout ou partie des biens qui ne sont pas réservés par la loi dans la succession, avec la charge de rendre ces biens aux enfants nés et à naître, au premier degré seulement, desdits frères ou sœurs légataires (C. c., art. 1049).

2668. *D.* Est-ce que la disposition, soit en faveur des petits-enfants, soit des neveux, ne pourrait pas être faite à l'un des petits-enfants ou à l'un des neveux ?

R. Cette substitution n'est permise qu'autant que la restitution doit être faite au profit de *tous* les enfants nés et à naître du grevé, sans exception, ni préférence d'âge ou de sexe (C. c., art. 1050).

2669. *D.* Si le grevé de restitution meurt, laissant des enfants au premier degré, et des descendants d'un enfant prédécédé, comment se recueillent les biens formant l'objet de la substitution ?

R. Les descendants de l'enfant prédécédé recueillent sa part par re-présentation (C. c., art. 1051).

2670. *D.* Lorsqu'une donation a été faite sans charge de restitu-tion à un enfant, un frère ou une sœur, et qu'ils acceptent une nou-velle libéralité par acte entre-vifs ou testamentaire sous la condition que les biens précédemment donnés demeureront grevés de cette charge peuvent-ils diviser les deux dispositions faites à leur profit?

R. Il ne leur est plus permis de diviser les deux dispositions faites à leur profit, et de renoncer à la seconde pour s'en tenir à la première,

3

quand même ils offriraient de rendre les biens compris dans la seconde disposition (C. c., art. 1052).

2671. *D.* A quelle époque les droits des appelés sont-ils ouverts?

R. A l'époque où, par quelque cause que ce soit, la jouissance de l'enfant, du frère ou de la sœur grevés de restitution vient à cesser.

2672. *D.* L'abandon peut-il être anticipé ?

R. L'abandon de la jouissance au profit des appelés peut être anticipé, mais il ne peut préjudicier aux créanciers du grevé antérieurs à l'abandon de cette jouissance (C. c., art. 1053).

2673. *D.* Quel recours subsidiaire la femme du grevé peut-elle avoir sur les biens à rendre?

R. Son recours se borne, en cas d'insuffisance des biens libres, au capital de ses deniers dotaux, et dans le cas seulement où le testateur l'a expressément ordonné (C. c., art. 1054).

2674. *D.* Quelles sont les formalités à remplir pour l'exécution de ces substitutions?

R. Il doit être nommé un tuteur chargé de l'exécution des ces dispositions.

2675. *D.* Qui doit nommer ce tuteur?

R. Si celui qui a fait les dispositions n'a pas, par le même acte, ou par un acte postérieur en forme authentique, nommé un tuteur chargé de l'exécution de ces dispositions (C. c., art. 1055), il en doit être nommé un à la diligence du grevé, ou de son tuteur s'il est mineur, dans le délai d'un mois à compter du jour du décès du donateur ou du testateur, ou du jour que, depuis cette mort, l'acte contenant la disposition a été connue (C. c., art. 1056).

2676. *D.* Quelle pénalité est attachée à l'inobservation de cette formalité?

R. Le grevé qui n'a pas fait nommer un tuteur est déchu du bénéfice de la disposition, et, dans ce cas, le droit peut être déclaré ouvert au profit des appelés s'ils sont majeurs, soit de leur tuteur ou curateur, s'ils sont mineurs ou interdits, ou même d'office, à la diligence du ministère public du tribunal de première instance du lieu où la succession est ouverte (C. c., art. 1057).

2677. *D.* Quelles sont les formalités à remplir après le décès de celui qui a disposé à la charge de restitution ?

R. Il doit être procédé, dans les formes ordinaires, à l'inventaire de tous les biens et effets composant sa succession, excepté pourtant le cas où il ne s'agirait que d'un legs particulier. Cet inventaire doit contenir la prisée à juste prix des meubles et effets mobiliers (C. c., art. 1058).

2678. *D.* A la requête de qui doit être fait cet inventaire?

R. A la requête du grevé de restitution, et dans le délai fixé au titre des successions (voir *Inventaire*), en présence du tuteur nommé pour l'exécution.

2679. *D.* Qui doit en supporter les frais ?

R. Ils sont pris sur les biens compris dans la disposition (C. c., art. 1059).

2680. *D.* Si le grevé n'a pas fait procéder à l'inventaire dans les délais légaux ?

R. Il doit y être procédé dans le mois suivant, à la diligence du tuteur nommé pour l'exécution, en présence du grevé ou de son tuteur (C. c., art. 1060).

2681. *D.* S'il n'a point été satisfait à cette formalité par le grevé ou par le tuteur, à qui incombe le droit de faire procéder à l'inventaire ?

R. Aux appelés à recueillir le bénéfice de la restitution par suite de la déchéance du grevé. Ils sont tenus d'y appeler le grevé ou son tuteur et le tuteur nommé pour l'exécution (C. c., art. 1061).

2682. *D.* Après l'inventaire doit-on faire procéder à la vente de tous les meubles et effets compris dans la disposition ?

R. Cette vente doit avoir lieu, par affiches et enchères (C. c., art. 1062), à l'exception 1° des meubles meublants et autres choses mobilières compris dans la disposition, à la condition expresse de les conserver en nature pour être rendus dans l'état ou ils se trouveraient lors de la restitution (C. c., art. 1063).

2° Des bestiaux et ustensiles servant à faire valoir les terres qui sont censés compris dans les donations entre-vifs ou testamentaires.

Le grevé est seulement tenu de les faire priser et estimer, pour en rendre une égale valeur lors de la restitution (C. c., art. 1064).

2683. *D.* Que doit faire le grevé à l'égard des deniers comptants, de ceux provenant du prix des meubles et effets actifs?

R. Dans le délai de six mois à compter du jour de la clôture de l'inventaire il doit en faire emploi. Ce délai peut être prolongé, s'il y a lieu (C. c., art. 1065).

Il doit pareillement faire emploi des deniers provenant des effets actifs qui peuvent être recouvrés et des remboursements de rentes ; il a un délai de trois mois au plus après qu'il a reçu ces deniers (C. c., art. 1066).

2684. *D.* De quelle manière cet emploi devra-t-il être fait?

R. Le grevé doit se conformer à ce qui a été ordonné par l'auteur de la disposition, s'il a désigné la nature des effets dans lesquels l'emploi doit être fait; sinon, il ne pourra l'être qu'en immeubles, ou avec privilèges sur des immeubles (C. c., art. 1067).

2685. *D.* Cet emploi en *immeubles* est-il absolument obligatoire?

R. La loi du 2 juillet 1862 a disposé que les sommes dont le placement ou l'emploi en immeubles est prescrit ou autorisé par la loi, etc., peuvent être employées en rentes trois pour cent de la dette française,

2686. *D.* Le grevé peut-il faire seul ce remploi ?

R. Il a lieu en présence et à la diligence du tuteur nommé à l'exécution (C. c., art. 1068).

2687. *D.* Quelles formalités doivent être remplies pour la publicité des dispositions à charge de restitution ?

R. Elles doivent être, à la diligence soit du grevé, soit du tuteur nommé pour l'exécution, rendues publiques; savoir, quant aux immeubles, par la transcription des actes sur les registres du bureau des hypothèques du lieu de la situation ; et quant aux colloqués par privilége sur des immeubles, par l'inscription sur les biens affectés au privilége (C. c., art. 1069).

2688. *D.* Quelles conséquences entraîne le défaut de transcription de l'acte contenant la disposition?

R. Il peut être opposé par les créanciers et tiers acquéreurs, même aux mineurs et interdits, sauf leur recours contre le grevé et contre le tuteur à l'exécution, et sans que les mineurs ou interdits puissent être restitués contre ce défaut de transcription, quand même le grevé et le tuteur se trouveraient insolvables (C. c., art. 1070).

2689. *D.* Mais si les créanciers ou les tiers acquéreurs avaient eu connaissance de la disposition par d'autres voies que celles de la transcription?

R. Cette circonstance ne pourrait suppléer au défaut de transcription ni le faire regarder comme couvert (C. c., art. 1071).

2690. *D.* Quelles personnes sont inhabiles à opposer aux appelés le défaut de transcription ou inscription?

R. Les donataires, les légataires, même les héritiers légitimes de celui qui a fait la disposition, même aussi leurs donataires, légataires ou héritiers (C. c., art. 1072).

2691. *D.* En quoi le tuteur nommé pour l'exécution est-il responsable ?

R. Il l'est personnellement s'il ne s'est pas, en tout point, conformé aux règles établies pour constater les biens, pour la vente du mobilier, pour l'emploi des deniers, pour la transcription et l'inscription, et en général, s'il n'a pas fait toutes les diligences nécessaires pour que la charge de restitution soit bien et fidèlement accomplie (C. c., art. 1073).

2692. *D.* Si le grevé est mineur, peut-il être restitué contre l'inexécution de ces dispositions ?

R. Il ne peut être restitué, même dans le cas de l'insolvabilité de son tuteur (C. c., art. 1074).

CHAP. VII.

DES PARTAGES FAITS PAR PÈRE, MÈRE ET AUTRES ASCENDANTS, ENTRE LEURS DESCENDANTS.

2693. *D.* Les père, mère et autres ascendants ont-ils le droit de faire entre leurs enfants et descendants la distribution et le partage de leurs biens ?

R. La loi leur donne cette faculté (C. c., art. 1075).

2694. *D.* Dans quelles formes ces partages peuvent-ils être faits ?

R. Par actes entre-vifs ou testamentaires.

Les partages par acte entre-vifs ne peuvent avoir pour objet que les biens présents (C. c., art. 1076).

2695. *D.* Comment se partagent les biens que laisse l'ascendant qui n'ont pas été compris dans le partage ?

R. Ils sont partagés conformément à la loi (C. c., art. 1077).

2696. *D.* Si au décès de l'ascendant il existe des enfants qui n'aient pas été compris dans le partage, quelle est la conséquence de ce fait ?

R. Le partage est nul pour le tout. Il en peut être provoqué un nouveau dans la forme légale.

2897. *D.* Par qui ce partage peut-il être provoqué ?

R. Il peut l'être, soit par les enfants ou descendants qui n'y ont reçu aucune part, soit même par ceux entre qui le partage a été fait (C. c., art. 1078).

2698. *D.* Pour quelles causes le partage fait par l'ascendant peut-il être attaqué ?

R. Pour cause de lésion de plus du quart ; il peut l'être aussi dans le cas où il résulterait du partage et des dispositions faites par préciput, que l'un des copartagés a eu un avantage plus grand que la loi ne le permet (C. c., art. 1079).

2699. *D.* Qui doit faire l'avance des frais de l'estimation des biens nécessaire pour prouver que la quotité disponible a été dépassée ?

R. L'enfant qui attaque le partage, et il les supporte en définitive, ainsi que les dépens de la contre-estimation, si sa réclamation n'est pas fondée (C. c., art. 1080).

TESTAMENT.

TESTAMENT PAR ACTE PUBLIC.

1. — *Testament reçu par un notaire en présence de quatre témoins* (2555, 2590) (1).

Par-devant Mᵉ Gustave Lefebvre, notaire à....., arrondissement de....., soussigné (2592),

Et en présence de M. Louis Bourget, menuisier,

M. Jules Tapin, serrurier,

M. André Leullier, propriétaire,

M. Anatole Renouard, percepteur des contributions,

Demeurant tous les quatre à..... (2592, 2596),

Majeurs, jouissant de leurs droits civils, réunissant, pour être témoins au présent testament, les qualités exigées par les art. 975 et 980 du Code civil, dont il leur a été donné lecture par Mᵉ Lefebvre,

A comparu M. Auguste Billaud, rentier, demeurant à..... ;

Lequel, étant sain de corps, esprit, mémoire et jugement, ainsi qu'il a paru auxdits notaire et témoins, a dicté son testament (2593), ainsi qu'il suit, audit Mᵉ Lefebvre, en présence des quatre témoins susnommés :

(1) Ces numéros renvoient aux articles de l'exposé qui précède.

Je donne et lègue, etc.

Ce testament a été ainsi *dicté* (2593) par le testateur à M⁰ Lefebvre, notaire soussigné, qui l'a *écrit en entier de sa main* (2595), tel qu'il lui a été dicté, et *lu* au testateur (*ibid.*), qui a déclaré avoir entendu et compris cette lecture, et persévérer dans ses dispositions, le tout en présence desdits quatre témoins, lesquels ont déclaré qu'ils ne sont ni parents ni alliés soit du testateur soit du légataire, soit enfin entre eux.

Fait et passé à....., dans le cabinet de M⁰ Lefebvre, notaire, l'an mil huit cent soixant-douze, le samedi dix-sept décembre à trois heures de relevé.

Et le testateur a signé avec les témoins et le notaire, après lecture entière de tout ce que dessus en *présence* du notaire et des quatre témoins (2593, 2594).

---

2. — *Testament reçu par deux notaires et deux témoins.*

Par-devant M⁰ Gustave Lefebvre et M⁰ Félix Blanchet, notaires à....., etc.,

En présence de M. André Leullier, propriétaire,

Et de M. Anatole Renaud, percepteur des contributions,

Demeurant tous les deux à..... (2592, 2596),

Majeurs, jouissant de leurs droits civils, réunissant, pour être témoins au présent testament, les qualités exigées par les art. 975 et 980 du Code civil, dont il leur a été donné lecture par M⁰ Lefebvre,

A comparu M. Auguste Billaud, cultivateur, demeurant à Épineuse, commune de....., canton de....., arrondissement de.....;

Lequel étant malade de corps, mais sain d'esprit, mémoire et jugement, ainsi qu'il a paru auxdits notaires et témoins, a dicté son testament, ainsi qu'il suit, aux notaires soussignés, en présence des deux témoins susnommés (2593) :

Je donne et lègue....., etc.

Ce testament a été ainsi *dicté* (2593) par le testateur *aux notaires* soussignés, écrit en entier de la main de M⁰ Lefebvre (*ibid.*), l'un d'eux, *tel qu'il a été dicté* (*ibid.*), et lu au testateur, qui a déclaré avoir bien entendu et compris cette lecture, et persévérer dans les dispositions qu'il contient, le tout en présence de M⁰ Blanchet, second notaire, et des deux témoins (*ibid.*).

Fait et passé à Épineuse, en la demeure du testateur, dans une chambre au rez-de-chaussée, éclairée sur un jardin où elle a son entrée, et où les notaires et les témoins ont trouvé M. Billaud, couché dans un lit placé à droite de ladite chambre, en entrant et faisant face à la cheminée,

L'an mil huit cent soixante-douze, le lundi dix-neuf décembre, à neuf heures du matin.

Et le testateur a signé avec les notaires et les témoins, après lecture entière de tout ce que dessus, en présence de M⁰ Blanchet, notaire, et des deux témoins (2593).

---

3. — *Testament reçu par un notaire en présence de quatre témoins* (2555, 2590).

Cas où le testateur ne peut ou ne sait signer.

Par-devant M⁰ Gustave Lefebvre, notaire à....., arrondissement de....., soussigné,

Et en présence de M. Louis Bourget, menuisier,

M. Jules Tapin, serrurier,

M. André Leullier, propriétaire,

M. Anatole Renouard, percepteur des contributions,

Demeurant tous les quatre à..... (2592, 2596).

Majeurs, jouissant de leurs droits civils, réunissant, pour être témoins au présent testament les qualités exigées par les art. 975 et 980 du Code civil, dont il leur a été donné lecture par M⁰ Lefebvre,

A comparu M. Auguste Billaud, rentier, demeurant à..... ;

Lequel, étant sain de corps, esprit, mémoire et jugement

I. 4

ainsi qu'il a paru auxdits notaire et témoins, a dicté son testament, ainsi qu'il suit, audit M⁰ Lefebvre, en présence des quatre témoins susnommés :

· Je donne et lègue, etc. (C. civ. 967).

Ce testament a été ainsi *dicté* (2593) par le testateur à M⁰ Lefebvre, notaire soussigné, qui l'a *écrit en entier de sa main* (*ibid.*), tel qu'il lui a été dicté, et *lu* au testateur, qui a déclaré avoir entendu et compris cette lecture, et persévérer dans ses dispositions, le tout en présence desdits quatre témoins, qui ont déclaré n'être ni parents ni alliés entre eux, non plus que du testateur et du légataire.

Fait et passé à....., dans le cabinet de M⁰ Lefebvre, notaire, l'an mil huit cent soixante-douze, le samedi dix-sept décembre à trois heures de relevée.

Et le testateur ayant, de ce interpellé formellement, déclaré ne *savoir signer* (2594), le notaire et les quatre témoins ont seuls signé, après lecture entière au testateur de tout ce que dessus en présence des témoins (2593).

---

4. — *Testament reçu par deux notaires et deux témoins.*

Cas où le testateur sachant signer, ne peut achever sa signature commencée après l'entière clôture de l'acte.

Par-devant M⁰ Gustave Lefebvre et M⁰ Félix Blanchet, notaires à....., etc.,

En présence de M⁰ André Leullier, propriétaire,

Et de M. Anatole Renaud, percepteur des contributions,

Demeurant tous les deux à..... (2592, 2596),

Majeurs, jouissant de leurs droits civils, réunissant, pour être témoins au présent testament, les qualités exigées par les art. 975 et 980 du Code civil, dont il leur a été donné lecture par M⁰ Lefebvre,

A comparu M. Auguste Billaud, cultivateur, demeurant à

Épineuse, commune de....., canton de....., arrondissement de.....;

Lequel étant malade de corps, mais sain d'esprit, mémoire et jugement, ainsi qu'il a paru auxdits notaires et témoins, a dicté son testament, ainsi qu'il suit, aux notaires soussignés, en présence des deux témoins susnommés (2593) :

Je donne et lègue....,, etc. (C. civ. 967).

Ce testament a été ainsi *dicté* par le testateur *aux notaires* soussignés, écrit en entier de la main de Me Lefebvre, l'un d'eux, *tel qu'il a été dicté* (2593), et lu au testateur, qui a déclaré avoir bien entendu et compris cette lecture, et persévérer dans les dispositions qu'il contient, le tout en présence de Me Blanchet, second notaire, et des deux témoins (*ibid.*).

Fait et passé à Épineuse, en la demeure du testateur, dans une chambre au rez-de-chaussée, éclairée sur un jardin où elle a son entrée, et où les notaires et les témoins ont trouvé M. Billaud, couché dans un lit placé à droite de ladite chambre, en entrant et faisant face à la cheminée.

L'an mil huit cent soixante-douze, le lundi dix-neuf décembre, à neuf heures du matin.

Et le testateur a signé avec les notaires et les témoins, après lecture entière de tout ce que dessus, en présence de Me Blanchet, notaire, et des deux témoins (2593).

Sous les caractères tracés par le testateur, le notaire AJOUTE : Mais le testateur ayant pris la plume et tenté vainement de signer, conformément à la déclaration qui a donné lieu à la mention ci-dessus de la signature, a, de ce interpellé par Me Lefebvre, notaire, en présence de Me Blanchet et des deux témoins déclaré ne pouvoir compléter sa signature à cause de l'état de faiblesse que lui cause la maladie dont il est atteint.

En conséquence, après lecture faite de ce que dessus à M. Billaud, toujours en présence de Me Blanchet, notaire, et des deux témoins, ils ont signé avec Me Lefebvre, en présence du testateur.

5. — *Testament reçu par un notaire en présence de quatre témoins* (2555, 2590).

Cas où deux des quatre témoins ne savent pas signer (C. civ. 974).

Par-devant M⁰ Gustave Lefebvre, notaire à....., arrondissement de....., département de....., soussigné,

Et en présence de M. Louis Bourget, manouvrier,

M. Jules Tapin, charretier,

M. André Leullier, propriétaire,

M. Anatole Renouard, percepteur des contributions,

Demeurant tous les quatre à.... (2592, 2596),

Majeurs, jouissant de leurs droits civils, réunissant, pour être témoins au présent testament, les qualités exigées par les art. 975 et 980 du Code civil, dont M⁰ Lefebvre lui a donné lecture,

A comparu M. Auguste Billaud, rentier, demeurant à..... ;

Lequel, étant sain de corps, esprit, mémoire et jugement, ainsi qu'il a paru auxdits notaire et témoins, a dicté son testament, ainsi qu'il suit, audit M⁰ Lefebvre, en présence des quatre témoins susnommés (C. civ. 975 et 980) :

Je donne et lègue, etc. (C. civ. 967).

Ce testament a été ainsi *dicté* (2593) par le testateur à M⁰ Lefebvre, notaire soussigné, qui l'a *écrit en entier de sa main* (2595), tel qu'il lui a été dicté, et *lu* au testateur, qui a déclaré avoir entendu et compris cette lecture, et persévérer dans ses dispositions, le tout en présence desdits quatre témoins qui ont déclaré (Voir *la 3ᵉ formule*).

Fait et passé à..... (Voir *la formule qui précède*),

L'an mil huit cent soixante-douze, le samedi dix-sept décembre, à trois heures de relevée.

Et le testateur a signé avec le notaire et les témoins, à l'exception de M. Bourget et de M. Tapin, qui, interpellés de signer, ont déclaré ne le savoir (2595), le tout après lecture de ce que dessus en présence du testateur et des témoins (2593).

TESTAMENT MYSTIQUE.

6. — *Testament écrit en entier et signé de la main du testateur.*

Par-devant M⁰ Gustave Lefebvre, notaire à la résidence de....., département de....., soussigné,

En présence des six témoins ci-après nommés, aussi soussignés (C. civ. 976),

1° M....., 2° M....., 3° M....., 4° M....., 5° M....., 6° M....., tous majeurs, demeurant à....., témoins instrumentaires, jouissant de leurs droits civils (C. civ. 980),

A comparu :

M. René Violet, propriétaire, demeurant à..... ;

Lequel a présenté aux notaire et témoins (C. civ. 976) sus-nommés le présent papier entouré d'un ruban blanc, scellé en deux endroits, aux points de croisement, avec de la cire noire et un cachet gaufré, portant au centre l'initiale V. ; et il a déclaré que ce papier contient son testament écrit et signé par lui (2598).

En conséquence, M⁰ Lefebvre, notaire soussigné, a dressé et

écrit de sa main sur ce papier (2601) le présent acte de suscription, que le testateur a signé avec les six témoins ci-dessus
dénommés et le notaire, le tout après lecture faite par ce dernier au testateur, en présence des témoins.

Fait et passé de suite, et sans divertir à d'autres actes
(2602), à....., dans le cabinet de M⁰ Lefebvre, notaire, l'an
mil huit cent....., le mardi dix mai, à..... heures après midi.

---

7. — *Testament lorsque le testateur n'a pas écrit lui-même le testament.*

Par-devant M⁰ Gustave Lefebvre, notaire à la résidence
de..... ,département de....., soussigné,

En présence des six témoins ci-après nommés, aussi soussignés (C. civ. 976),

1° M....., 2° M....., 3° M....., 4° M....., 5° M....., 6° M.....,
tous majeurs, demeurant à....., témoins instrumentaires,
jouissant de leurs droits civils (C. civ. 780),

A comparu :

M. René Violet, propriétaire, demeurant à..... ;

Lequel a présenté aux notaires et témoins susnommés le
présent papier entouré d'un ruban blanc, scellé en deux endroits, aux points de croisement, avec de la cire noire et un
cachet de forme ovale portant les initiales R. V. ; et il a déclaré
que ce papier renferme son testament, signé par lui, mais
écrit de la main d'une autre personne (C. civ. 976).

En conséquence, M⁰ Lefebvre, notaire soussigné, a dressé
et écrit de sa main sur ce papier (2604) le présent acte de suscription, que le testateur a signé avec les six témoins ci-dessus
dénommés et le notaire, le tout après lecture faite par ce dernier au testateur, en présence des témoins.

Fait et passé de suite, et sans divertir à d'autres actes (2602),
à....., dans le cabinet de M⁰ Lefebvre, notaire, l'an mil huit
cent....., le mardi dix mai, à..... heures après midi.

8. — *Lorsque le testatuer a écrit et signé ou a seulement signé son testament, mais a été empêché de signer l'acte de suscription à cause d'une infirmité ou d'une blessure survenue depuis la signature du testament* (2603).

Par-devant M^e....., etc. (Voir *ci-dessus*, n° 6),

En présence des six témoins ci-après nommés aussi soussignés,

1° M....., 2° M....., 3° M....., 4° M....., 5° M....., 6° M.....,

A comparu :

M. René Violet, propriétaire, demeurant à..... ;

Lequel a présenté aux notaire et témoins (*pour le premier cas voir la formule* 6, *et pour le second cas, la formule* 7).

En conséquence, Me Lefebvre, notaire soussigné, a dressé et écrit de sa main, sur ce papier, le présent acte de suscription, qu'il a signé avec les six témoins, le tout après lecture faite par Me Lefebvre, en présence des témoins, au testateur, qui, sur la réquisition de signer, a déclaré ne le pouvoir à cause de l'infirmité dont il est atteint (*ou de la blessure qu'il a reçue*) depuis qu'il a écrit et signé (C. civ. 976) (*ou qu'il a signé*) son testament.

Le tout fait et passé de suite, et sans divertir à d'autres actes (2602), à.....; dans le cabinet de Me Lefebvre, notaire, l'an mil huit cent soixante-douze, le mardi dix novembre, à....., heures après midi.

———

9. — *Lorsque le testateur sait lire, mais ne sait ou ne peut pas écrire.*

Par-devant Me Gustave Lefebvre, notaire à la résidence de....., département de..., soussigné.

En présence de MM. 1°....., 2°....., 3°....., 4°....., 5°.....,
6°....., 7°....., demeurant tous les sept à..... (C. civ. 977),

Majeurs, jouissant de leurs droits civils, réunissant, pour
être témoins au présent testament, les qualités exigées par les
art. 975 et 980 du Code civil, l'adjonction du septième témoin étant motivée sur la déclaration faite par le testateur,
ci-après nommé, qu'il ne pouvait signer lorsqu'il a fait écrire
son testament, à cause de la paralysie du bras droit dont il
est atteint ; mais qu'il sait lire (C. civ. 977) (*ou* qu'il ne sait
ni écrire ni signer, mais qu'il sait lire),

A comparu :

M..... ;

Lequel a présenté au notaire et aux sept témoins susnommés
le présent papier (V. *la formule* 6) ; et il a déclaré que ce
papier renferme son testament écrit de la main d'une autre
personne, et qu'il n'a pas signé par les motifs indiqués ci-
dessus.

En conséquence, M⁰ Lefebvre, notaire soussigné, a dressé et
écrit de sa main, sur ce papier, le présent acte de suscription,
qu'il a signé avec les sept témoins, le tout après lecture faite
par M⁰ Lefebvre, en présence des témoins, au testateur, qui,
sur la réquisition de signer, a déclaré ne le pouvoir, à cause de
son infirmité (*ou* ne pas savoir signer), circonstance qui a mo-
tivé l'adjonction d'un septième témoin (C. c. 977).

Le tout fait et passé..... (Voir *la formule qui précède.*)

---

10. — *Lorsque le testateur ne peut parler, mais a écrit lui-
même, daté et signé son testament* (2605).

Par-devant M⁰....., etc.,

En présence des six témoins ci-après nommés, aussi soussignés (C. civ. 9761),

M....., etc....., demeurant tous les six à.....,

Majeurs, jouissant de leurs droits civils, réunissant, pour être témoins au présent testament, les qualités requises par l'art. 980 du Code civil,

A comparu :

M....., demeurant à..... ;

Lequel a présenté auxdits notaire et témoins le présent papier entouré d'un ruban de couleur..... scellé de trois cachets avec de la cire noire et un cachet de forme ronde portant les initiales R. V. ; ledit papier contenant, ainsi que cela résulte de la déclaration en tête des présentes, écrite et signée par lui en présence du notaire et des témoins susnommés (C. civ. 979), le testament de M....., entièrement écrit, daté et signé de sa main.

En conséquence de cette déclaration et de la remise dudit papier, le notaire soussigné a écrit et signé de sa main (C. civ. 979), sur le même papier, le présent acte de suscription que le testateur a signé, après en avoir pris lecture en présence des notaire et témoins ; et les témoins ont signé également avec le notaire, après la lecture que ce dernier en a faite en leur présence au testateur.

Fait et passé..... (Voir *la formule précédente.*)

---

11. — *Lorsque le testateur présente son testament sans être clos et scellé.*

Par-devant M⁰ Gustave Lefebvre, notaire à la résidence de....., département de....., soussigné,

En présence des six témoins ci-après nommés, aussi soussignés,

1° M....., 2° M....., 3° M ...., 4° M....., 5° M....., 6° M....., tous majeurs, demeurant à....., témoins instrumentaires, jouissant de leurs droits civils (C. civ. 980),

A comparu :

M. René Violet, propriétaire, demeurant à..... ;

5

Lequel a fait clore (C. civ. 976), avec un ruban de couleur....., et fait sceller d'un cachet de cire....., portant les empreintes des initiales G. L., en présence desdits notaire et témoins, et leur a ensuite présenté clos et scellé le présent papier, que M..... a déclaré contenir son testament écrit et signé par lui (*ou* : signé par lui et écrit de la main d'une autre personne) (*ou* : écrit de la main d'une autre personne, et qu'il n'a pas signé). (Voir *les formules qui précèdent.*)

En conséquence, Me Lefebvre, notaire soussigné, a dressé et écrit de sa main sur ce papier (2601) le présent acte de suscription, que le testateur a signé avec les six témoins ci-dessus dénommés et le notaire, le tout après lecture faite par ce dernier au testateur, en présence des témoins.

Fait et passé de suite, et sans divertir à d'autres actes (2602), à....., dans le cabinet de Me Lefebvre, notaire, l'an mil huit cent....., le mardi dix mai, à..... heures après midi·

---

12. — *Lorsque le testateur présente son testament sous enveloppe,*
sans être scellé (2549).

Par-devant Me Gustave Lefebvre, notaire à la résidence de....., département de....., soussigné,

En présence des six témoins ci-après nommés, aussi soussignés,

1° M.....,2° M....., 3° M....., 4° M....., 5° M....., 6° M....., tous majeurs, demeurant à....., témoins instrumentaires, jouissant de leurs droits civils (C. civ. 980),

A comparu :

M. René Violet, propriétaire, demeurant à...... ;

Lequel a fait entourer d'un ruban de couleur blanche, et sceller de deux cachets de cire noire, portant pour empreinte les initiales G. L., en présence des notaire et témoins, et leur a ensuite présenté clos et scellé un papier enfermé dans une enveloppe en forme de lettre qu'il a déclaré contenir son testament, etc. (Voir *les formules qui précèdent.*)

En conséquence, M⁰ Lefebvre, notaire soussigné, a dressé et écrit de sa main sur ce papier (2601) le présent acte de suscription, que le testateur a signé avec les six témoins ci-dessus dénommés et le notaire, le tout après lecture faite par ce dernier au testateur, en présence des témoins.

Fait et passé de suite, et sans divertir à d'autres actes (2602), à....., dans le cabinet de M⁰ Lefebvre, notaire, l'an mil huit cent....., le mardi dix mai, à ....., heures après midi.

Pour le cas où le testateur sait lire mais ne sait ou ne peut signer, voir *la formule* 9.

Lorsque le testateur a écrit et signé, ou a seulement signé son testament, etc., voir *la formule* 7.

Lorsque le testateur n'a pas écrit lui-même son testament, voir *la formule* 8.

Ecrit en entier et signé par le testateur, voir la *formule* 6.

DISPOSITIONS QUI PEUVENT ÊTRE INSÉRÉES DANS TOUTE ESPÈCE DE TESTAMENTS.

SOMMAIRE.

26. *Legs universel à un mari par sa femme et de l'usufruit de la réserve des ascendants.*
27. *Nomination de conseil à la femme survivante.*
28. *Nomination de tuteur par le survivant de père ou mère.*
29. *Legs au profit d'un médecin avec clause en faveur des pauvres dans le cas d'annulation du testament.*
30. *Legs d'une rente viagère incessible et insaisissable.*
31. *Legs particulier réductible en cas d'insuffisance des valeurs mobilières.*
32. *Legs au profit d'une ville.*
33. *Dispositions relatives aux funérailles.*

---

13. — *Legs universel à une seule personne* (2650).

J'institue M....., demeurant à....., mon légataire universel ; en conséquence, je lui lègue tous les meubles et immeubles que je délaisserai : il en jouira et disposera comme de chose lui appartenant en pleine propriété à compter du jour de mon décès.

---

14. — *Legs universel à plusieurs personnes.*

J'institue M....., demeurant à....., et M....., demeurant à....., conjointement mes légataires universels ; en conséquence, je leur lègue tous les biens meubles et immeubles que je délaisserai ; ils en jouiront et disposeront comme de chose leur appartenant en pleine propriété à compter du jour de mon décès ; et si l'un de mesdits légataires universels vient à décéder avant moi, j'entends que sa part soit recueillie par l'autre à titre d'accroissement.

---

15. — *Legs a titre universel* (2620).

Je lègue à M....., la moitié (*ou* le tiers, le quart, etc.) de tous les biens meubles et immeubles que je délaisserai ; il jouira et disposera de ladite portion comme de chose lui appartenant en pleine et absolue propriété à compter du jour de mon décès.

---

16. — *Legs particuliers* (2624)).

Je lègue à....., mon domestique, s'il est encore à mon service à l'époque de mon décès, une rente annuelle et viagère de....., qui sera exempte de retenue, et payable en quatre termes, de trois en trois mois, et d'avance, plus une année de ses gages, indépendamment de ceux qui lui seront dus à l'époque de mon décès.

Je lègue aux pauvres de la commune de..... la somme de....., payable un an après mon décès, sans intérêts.

Je lègue à M....., demeurant à....., mon domaine de....., consistant en, etc., et tout le mobilier qui s'y trouvera, à l'exception des deniers comptants, rentes, valeurs mobilières, et créances, pour en jouir et disposer en pleine propriété à compter du jour de mon décès.

Je lègue à M....., mon ami, à titre de souvenir et comme un gage de mon amitié, ma montre en or, avec sa chaîne, la clef et le cachet, aussi en or.

---

17. — *Legs par préciput et hors part.*

Je lègue par préciput et hors part, à....., mon fils, toute la portion de biens dont la loi me permet de disposer; il en jouira en pleine propriété à compter du jour de mon décès (C. civ. 919).

---

18. — *Legs par préciput à un neveu.*

Je lègue à....., mon neveu et l'un de mes présomptifs héritiers, une somme de dix mille francs qui sera employée par mon exécuteur testamentaire à l'acquisition d'une rente sur l'Etat 3 p. 100, laquelle sera inaliénable jusqu'au mariage de mon neveu.

---

19. — *Legs par préciput et hors part avec accroissement au profit des survivants.*

Je lègue 1° à....., 2° à....., 3° à....., mes nièces, mes présomptives héritières, par préciput et hors part (C. civ. 919), la pleine absolue propriété d'une rente sur l'État français, 5 p. 100 de....., francs....., série....., n°....., inscrite en mon nom, pour par elles en jouir en pleine propriété à compter du jour de mon décès et en toucher les arrérages à partir de cette époque.

Elle leur appartiendra à chacune pour un tiers, et il leur sera délivré un titre séparé dans cette proportion.

Dans le cas où l'une d'elles viendrait à décéder avant moi, sa part accroîtra à ses deux autres colégataires, et si seulement une seule d'entre elles me survivait, elle aurait droit à la totalité de cette rente.

Si la rente que je viens de leur léguer avait été aliénée par moi de mon vivant, mes héritiers seraient tenus de leur payer, dans les six mois de mon décès, une somme suffisante pour leur fournir une rente sur l'État, 5 p. 100, égale à celle ci-dessus léguée.

---

20. — *Legs conditionnels.*

Je lègue à..... la somme de....., s'il épouse Mlle....., ma nièce; cette somme lui sera comptée par mes héritiers dans les..... mois de son mariage, sans aucun intérêt jusque-là seulement.

Je lègue à..... la somme de....., s'il se fait recevoir avocat à la Cour d'appel de....... ; cette somme lui sera payée par mes héritiers......, mois après qu'il aura terminé son stage.

---

21. — *Clause de révocation de testaments antérieurs.*

Je révoque tous testaments et codicilles que j'ai pu faire avant le présent, qui sera seul exécuté comme contenant mes dernières volontés (C. civ. 1033).

---

22. — *Dispositions relatives aux droits d'enregistrement.*

Je veux que les droits d'enregistrement auxquels seront soumis les legs faits au profit de...... restent à la charge de ma succession, afin que lesdits légataires recueillent les legs que je viens de faire francs et quittes de toutes charges.

---

23. — *Nomination d'exécuteur testamentaire avec saisine.*

Je nomme pour mon exécuteur testamentaire M. Julien Chéron, ancien notaire, demeurant à......, et je lui donne la saisine de mon mobilier pendant une année du jour de mon décès. Je prie M. Chéron de vouloir bien accepter, comme gáge de ma reconnaissance et de mon amitié, un diamant de la valeur de...... francs, qui lui sera payé par préférence à tous autres legs (C. civ. 1023).

---

24. — *Nomination d'exécuteur testamentaire avec saisine et pouvoir de vendre des immeubles* (C. civ. 1025).

Je nomme pour mon exécuteur testamentaire M. Julien Chéron, ancien notaire, demeurant à...... Je lui donne la saisine de mon mobilier pendant une année du jour de mon décès ; en outre je le charge de vendre le bois de Maréval que je possède sur la commune de....., d'une contenance de....., pour en employer le prix à l'acquit des dettes de ma succession et au payement des divers legs particuliers que je viens de faire ; en conséquence, indépendamment du droit que la loi lui confère de vendre le mobilier, d'en toucher le produit et de recevoir les créances, je lui donne tous pouvoirs à l'effet de vendre, soit par adjudication, soit de gré à gré, à telles personnes et aux prix, charges et conditions qu'il jugera à propos, le bois de Maréval ; recevoir le prix ; l'employer avec le produit de la vente du mobilier et des autres valeurs mobilières au payement des dettes et des legs ; donner et retirer toutes quittances et décharges ; donner mainlevée de toutes inscriptions d'office ou autres, et généralement faire le nécessaire ; le tout sans le concours de mes héritiers, mais sauf à ceux-ci à empêcher la vente en remettant à l'exécuteur testamentaire une somme suffisante pour l'acquit des dettes et des legs.

---

25. — *Substitution testamentaire.*

Voulant donner à mes petits-enfants tout ce dont la loi me permet de disposer (C. civ. 1048), je lègue à....., mon fils unique, les biens meubles et immeubles qui composeront ma succession, pour en jouir en pleine propriété à compter du jour de mon décès ; mais à la charge de conserver la portion disponible et de la rendre, après son décès, à tous ses enfants nés et à naître, au premier degré seulement, par égales portions, sans exception ni préférence d'âge ou de sexe, que je lui substitue à cet effet (C. civ. 1050).

Je nomme pour tuteur à cette substitution M....., que je prie d'accepter ces fonctions (C. civ. 1055).

---

26. — *Legs universel à un mari par sa femme, et de l'usufruit de la réserve des ascendants.*

J'institue..... mon mari, mon légataire universel et je lui lègue la pleine et absolue propriété de tout ce qui composera ma succession.

Voulant user de la faculté qui m'est accordée par l'art. 1094 du Code civil, je lui lègue l'usufruit de la totalité de la réserve à laquelle mes père et mère pourront avoir droit au jour de mon décès.

---

27. — *Nomination de conseil à la femme survivante.*

Je nomme pour conseil spécial à Mme....., mon épouse, dans l'exercice de la tutelle de ses enfants mineurs, M....., sans l'avis duquel elle ne pourra faire aucun acte relatif à cette tutelle (C. civ. 391), *ou* sans l'avis duquel elle ne pourra recevoir aucun capital ou en faire l'emploi.

---

28. — *Nomination de tuteur par le survivant des père et mère.*

Je déclare nommer pour tuteur à mes enfants mineurs M.....

Je les lui recommande et je le prie de veiller avec le plus grand soin à leurs intérêts, et de les diriger selon les principes d'ordre et de morale dont il a toujours donné le meilleur exemple.

---

29. — *Legs au profit d'un médecin avec clause en faveur des pauvres dans le cas d'annulation du testament.*

Je lègue à..... docteur en médecine, demeurant à....., pour lui donner un témoignage de mon amitié, et pour les bons soins dont il m'a entouré sans avoir jamais voulu accepter d'honoraires, ma maison située à....., ensemble tous les meubles qui la garnissent, mon argenterie, ma bibliothèque et toutes les valeurs mobilières qui s'y trouveront au jour de mon décès, soit au porteur, soit nominatives, soit enfin qui peuvent être représentées par des certificats de dépôt de la Banque de France, pour par lui en jouir en pleine et absolue propriété à compter du jour de mon décès.

Je lui lègue en outre l'usufruit, sa vie durant, de tout ce qui composera ma succession en quelque lieu qu'il soit assis et situé.

Dans le cas où mes héritiers élèveraient des contestations relativement à mes dispositions ci-dessus et en demanderaient et feraient prononcer la nullité fondée sur les prohibitions édictées par l'article 909 du Code civil, j'institue mes légataires universels les pauvres de la commune de....., représentés par les administrateurs du bureau de bienfaisance, pour par eux jouir faire et disposer de la totalité de ma succession, à compter du jour de mon décès.

---

30. — *Legs d'une rente viagère incessible et insaisissable.*

Je lègue à....., ma domestique, si elle est encore à mon service au jour de mon décès, une rente annuelle et viagère incessible et insaisissable, de trois cents francs, payable en deux termes, de six mois en six mois, qui commenceront à courir au jour de mon décès, et lui seront versés en l'étude de Me....., notaire, ou son successeur.

Ses héritiers ne pourront réclamer les arrérages courus depuis la dernière échéance jusqu'au jour de son décès.

Mes héritiers pourront s'affranchir du service de cette rente en faisant inscrire une rente de 300 fr. sur l'État, 3 ou 5 p. 100 au nom de ladite....., pour l'usufruit, et en leurs noms, pour la nue propriété, avec mention que cet usufruit est incessible et insaisissable, et qu'ils auront droit aux arrérages, à partir du terme où ils auront cessé d'être payés.

Les droits d'enregistrement, ceux de délivrance du legs, et les honoraires auxquels ce testament donnera ouverture, seront supportés par mes héritiers.

---

31. — *Legs particulier, réductible en cas d'insuffisance de valeurs mobilières.*

Je lègue à..... une somme de..... francs, à prendre sur les plus clairs deniers de ma succession mobilière. Dans le cas où il ne se trouverait pas, après la réalisation des meubles et valeurs existant au jour de mon décès, un actif suffisant pour fournir à mon légataire la somme ci-dessus léguée, ce legs sera réduit au montant de la somme réalisée.

---

32. — *Legs au profit d'une ville.*

Je lègue à la ville de..... une somme de....., destinée à être employée à l'achat d'une rente sur l'État français, 5 p. 100. Les intérêts de cette rente devront servir à.....

Mes héritiers auront un délai de..... mois, sans intérêts, à partir du jour du décret qui autorisera la ville de..... à accepter le legs que je lui fais pour se libérer de la somme que je viens de léguer.

---

33. — *Dispositions relatives aux funérailles.*

Je veux que mon corps soit inhumé dans le cimetière de la commune de....., dans un terrain qui sera acquis à perpétuité ; il devra être de grandeur suffisante pour recevoir les dépouilles mortelles de ma femme. En conséquence, il sera construit un caveau en pierre de taille d'une profondeur de deux mètres, et fermé par une pierre triangulaire destinée à recevoir nos noms et l'indication de l'époque de notre décès. Je laisse à ma femme ou à mes héritiers le soin de surmonter cette tombe de constructions solides et modestes destinées à la protéger contre l'action destructive du temps.

J'entends que mes funérailles soient faites avec simplicité, et qu'on distribue à..... pauvres les plus nécessiteux de la commune deux kilogrammes de pain et un kilogramme de viande.

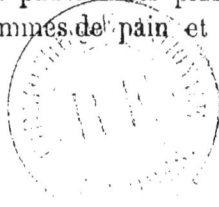

PARIS. — E. DONNAUD, IMP. DE LA COUR D'APPEL ET DES TRIBUNAUX,
RUE CASSETTE, 9.

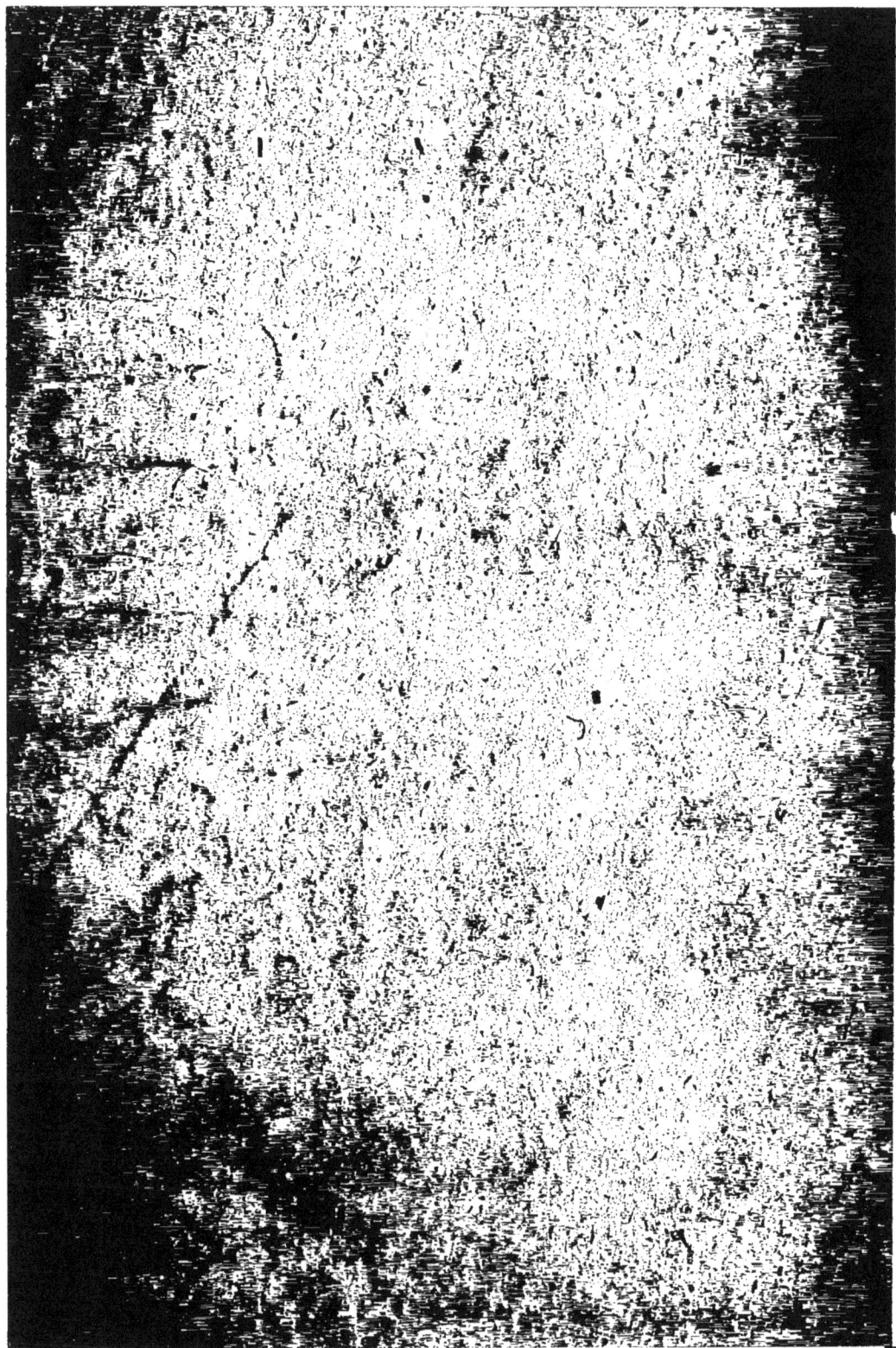

www.ingramcontent.com/pod-product-compliance
Lightning Source LLC
Chambersburg PA
CBHW070824210326
41520CB00011B/2101